BEI GRIN MACHT SICH IHR
WISSEN BEZAHLT

- Wir veröffentlichen Ihre Hausarbeit,
  Bachelor- und Masterarbeit

- Ihr eigenes eBook und Buch -
  weltweit in allen wichtigen Shops

- Verdienen Sie an jedem Verkauf

Jetzt bei www.GRIN.com hochladen und kostenlos publizieren

Geert Naber

Aufs und Abs eines "Gegen-Marx". 150 Jahre Max Weber

GRIN Verlag

Bibliografische Information der Deutschen Nationalbibliothek:

Die Deutsche Bibliothek verzeichnet diese Publikation in der Deutschen National-
bibliografie; detaillierte bibliografische Daten sind im Internet über http://dnb.d-
nb.de/ abrufbar.

Impressum:

Copyright © 2014 GRIN Verlag GmbH
Druck und Bindung: Books on Demand GmbH, Norderstedt Germany
ISBN: 978-3-656-69984-2

Dieses Buch bei GRIN:

http://www.grin.com/de/e-book/276843/aufs-und-abs-eines-gegen-marx-150-jahre-
max-weber

Aufs und Abs eines „Gegen-Marx"

150 Jahre Max Weber

von Geert Naber (Juli 2014)

Vor hundert Jahren begann der Erste Weltkrieg. Kein Wunder daher, dass dieses Thema derzeit in den sozial- und geschichtswissenschaftlichen Diskursen eine wichtige Rolle spielt. Viel publiziert und diskutiert wird momentan aber auch über Max Weber, denn sein Geburtstag jährte sich am 21 April 2014 zum 150. Mal. Die aktuellen Debatten zeigen aufs Neue, wie vielschichtig und widersprüchlich das Oeuvre dieses Universalgelehrten ist. Es ist folglich schwierig, Webers Veröffentlichungen im wissenschaftlich-politischen Koordinatensystem eindeutig einzuordnen. Sie können nicht pauschal als „rechts" etikettiert werden. Jedoch wäre es auch unangebracht, sie als Ausdruck linken Denkens zu qualifizieren. Das veranschaulichen insbesondere die Texte und Reden, wo Max Weber zu tagespolitischen Fragen Stellung bezog. Hier grenzte er sich nicht nur scharf von der sozialistischen Ideenwelt ab und verteufelte mit Rosa Luxemburg und Karl Liebknecht zwei Schlüsselfiguren der sozialrevolutionären Geschehnisse im Ausklang des Ersten Weltkriegs. Typisch für den späten Weber war auch, dass er zwar eine massendemokratische Parteiendemokratie bejahte, sie aber um eine „plebiszitäre Führerdemokratie" ergänzt sehen wollte. Die politischen Schriften, die der am 14. Juni 1920 Verstorbene in seinen letzten Jahren verfasste, zeugten von dem Wunsch nach einem „starken Mann" an der Staatspitze, der mit viel Charisma die bürgerliche Herrschaft in Deutschland sichern und die weltpolitischen Interessen des durch den Versailler Vertrag „gedemütigten Herrenvolks" zur Geltung bringen sollte. Was erklären hilft, warum in der Zeitspanne zwischen den Weltkriegen diejenigen, die sich zustimmend auf Max Weber bezogen, zumeist dem rechtsintellektuellen Milieu angehörten. Zum Beispiel Hugo von Hofmannsthal. Der prominente Dichter und Operntexter („Rosenkavalier") sah in Weber den Vordenker einer „konservativen Revolution" und äußerte Sympathien für den italienischen Faschismus. Erinnert sei in diesem Kontext auch an Robert Michels. Der Parteien- und Elitenforscher hatte bei Weber eine viel beachtete Doktorarbeit zum „ehernen Gesetz der Oligarchie" geschrieben und war ebenso wie von Hofmannsthal von Mussolini angetan. Begeistert von Hitler zeigte sich der Staatsrechtler Carl Schmitt, der Weber'sches Vokabular in seine ideologischen Rechtfertigungen des nationalsozialistischen Führerprinzips einfließen ließ.

„Gegen-Marx"

Nach dem Zweiten Weltkrieg avancierten die USA zum Zentrum soziologischen Theoretisierens und Forschens. Damit einher ging ein regelrechter Weber-Boom jenseits des Atlantiks, der wiederum viel mit Talcott Parsons (1902-1979) zu tun hatte. Der in Harvard lehrende Sozialtheoretiker, der die soziologische Systemtheorie begründete, übersetzte Max Weber ins Englische und machte ihn zu einem Fürsprecher von „Leistungsgesellschaft" und „American Way of Life". Das passte zum antikommunistischen Zeitgeist, der die Vereinigten Staaten in der McCarthy-Ära prägte: Während der Hochphase des Kalten Kriegs kam es zu regelrechten Hetzjagden gegen linke Intellektuelle. Max Weber wurde zum „Gegen-Marx" stilisiert und gegen die „rote Gefahr" in Stellung gebracht. Davon profitierte der Weberianer Talcott Parsons: Der Systemtheoretiker stieg zu einem einflussreichen Politikberater auf und warb in der US-Administration für ein geopolitisches Konzept, das auf einer Entgegensetzung von „modernen" und „traditionellen" Gesellschaften fußte. Die kapitalistischen Industriegesellschaften Europas wurden in diesem Weltbild zu Maß und Ziel jeder Entwicklung gemacht. Zugleich erschienen alle nicht industrialisierten Gesellschaften als „gleich". Sie wurden pauschal, ohne näher auf konkrete sozialökonomische Verhältnisse und Unterschiede in der Dritten Welt einzugehen, als traditionell abgestempelt.

Talcott Parsons' Deutung der Weltgesellschaft trug dazu bei, dass die Vereinigten Staaten ab Mitte der 1960er Jahre militärisch in Vietnam intervenierten. Mit den bekannten Konsequenzen: Die USA verloren gegen den Vietcong und mussten eine schwere außenpolitische Schlappe hinnehmen. Vor diesem Hintergrund wandelte sich das Gesicht der nordamerikanischen Sozialwissenschaften. Das Weber/Parsons-Paradigma sah sich zunehmender Kritik ausgesetzt und büßte zu Gunsten konkurrierender Sozialtheorien akademisches und politisches Prestige ein. Von einem Weber-Boom konnte in den USA der 1970er Jahre nicht mehr die Rede sein.

Auch in der Bundesrepublik hatte Max Weber damals einen schweren Stand. Die „68er" stießen sich am autoritären und nationalistischen Ton, der sich durch seine politischen Schriften zog. Außerdem wurde die Aussagekraft der Weber'schen Religionssoziologie vermehrt hinterfragt. Überschätzte sie nicht womöglich die wirtschaftsgeschichtliche Bedeutung eines calvinistisch-asketischen Lebensstils? Entstand der Kapitalismus tatsächlich, wie Weber suggerierte, als eine unbeabsichtigte Folge religiöser Weltabgewandtheit? War eine puritanische Einstellung wirklich der wichtigste Garant ökonomischen Erfolgs? Derlei Skepsis gegenüber Schriften wie „Die protestantische Ethik und der Geist des Kapitalismus" hatte ihren Grund:

„Gegen-Marx"

Max Weber forschte nicht immer sorgfältig. Es zeigte sich, dass seine Statistiken so manches Mal einer genaueren Überprüfung nicht standhielten Und dass seine Religionsstudien voll von historisch-empirisch nicht abgesicherten Exkursen waren. Selbst Soziologinnen und Soziologen, die sich Weber verbunden fühlten, kamen deshalb nicht umhin, seine mitunter problematischen Argumentationsstrategien zu kritisieren.

Gleichwohl ist seit einigen Jahren eine Weber-Renaissance beobachtbar. Als sich im Frühjahr der Geburtstag des „großen Denkers" zum 150. Mal jährte, wurde in zahllosen Statements die „Brillanz" und „Weitsichtigkeit" seiner Schriften gewürdigt. Es ist schick, Sonntagsreden mit Weber-Zitaten zu garnieren, politisches Handeln mit dem „Bohren harter Bretter" zu vergleichen oder die Unterschiede zwischen „Gesinnungsethik" und „Verantwortungsethik" anzusprechen. Und es ist, siehe Bestsellerautor Thilo Sarrazin, offenbar schick, sich angesichts der Eurokrise Weber'scher Rhetorik zu bedienen, um sodann in neoprotestantischer Manier die vermeintlich schlechte Arbeitsmoral der katholisch geprägten Mittelmeerländer zu geißeln.

Es kann sich aber trotzdem lohnen, die Schriften des „Gegen-Marx" zu studieren. Max Weber war vieles: Ökonom, Wirtschafts- und Religionshistoriker, Jurist, Wissenschaftstheoretiker Soziologe und Politikberater. Er hat ein Disziplinen sprengendes Werk mit unübersehbaren Widersprüchen, aber auch beachtlichem Anregungspotenzial hinterlassen. Manches, was Max Weber schrieb, wirkt aus einer herrschaftskritischen und kosmopolitischen Perspektive abstoßend. Allerdings hat er auch etliche Texte publiziert, wo er mit nüchternem Realismus die destruktiven und freiheitsbedrohenden Konsequenzen kapitalistischen Wirtschaftens zur Sprache brachte. Oder wo er, im Stile der Frankfurter Schule, die Dialektik der abendländischen Aufklärungs- und Vernunftvorstellungen thematisierte.

Wie ist es möglich, sich einen ersten Überblick über Max Webers Leben und Werk zu verschaffen? Biographien können dabei hilfreich sein. Zwei sind pünktlich zu Webers 150. Geburtstag in die Buchhandlungen gelangt. Zum einen ein 1000-Seiten-Opus von Dirk Kaesler. Der pensionierte Soziologieprofessor hat an der Universität Marburg ausgiebig über Weber geforscht und präsentiert eine Biographie, die sehr tief in die Archive gestiegen ist und einem opulenten Familienroman gleicht. Kaesler will Weber aus dem Milieu seiner Herkunft erklären und Ordnung in das Leben des „wilden Max" bringen. Diesen Anspruch erhebt Jürgen Kaube von der Frankfurter Allgemeinen Zeitung nicht. In seiner Weber-Biographie, halb so dick wie Kaeslers Buch, versucht der Wissenschaftsjournalist nicht, die verschiedenen Seiten des Universalgelehrten zu einer Einheit zusammenzufügen. Kaube präsentiert Weber als eine „polyvalente" Person, die auf verschiedenen Feldern agierte und unter großen Anstrengungen versuchte, die gewaltigen wirtschafts- und sozialstrukturellen Umbrüche im wilhelminischen Deutschland zu begreifen.

Bereits 2005 erschien im Hanser Verlag eine voluminöse Weber-Biographie aus der Feder des Bielefelder Historikers Joachim Radkau. Sie wurde aktualisiert und kürzlich in Form eines preisgünstigen Taschenbuchs wieder veröffentlicht. Interessant an dieser Biographie ist, dass der emeritierte Geschichtswissenschaftler – anders als Jürgen Kaube und Dirk Kaesler – ausführlich das Verhältnis zwischen „Gegen-Marx" und Karl Marx beleuchtet. Die Reaktionen auf Radkaus Weber-Buch fielen freilich sehr gemischt aus. Es gab eine Reihe kritischer Rezensionen. Radkau wurde vorgehalten, übermäßig zu psychologisieren und ein zu negatives Bild von Max Weber zu zeichnen.

Dirk Kaesler: Max Weber. Preuße, Denker, Muttersohn. C.H. Beck, München 2014, 1007 Seiten, 38 Euro (auch als E-Book).
Jürgen Kaube: Max Weber. Ein Leben zwischen den Epochen. Rowohlt, Berlin 2014, 496 Seiten, 26,95 Euro (auch als E-Book).
Joachim Radkau: Max Weber. Die Leidenschaft des Denkens. dtv, München 2014, 928 Seiten, 19,90 Euro.